AF276878

poesía Hiperión, 846
JESÚS MUNÁRRIZ
MUSEO SECRETO

Jesús Munárriz

Museo secreto

EDICIÓN ÍNTEGRA

Con 20 dibujos
DE PACO MONTAÑÉS

Hiperión

poesía Hiperión
Colección fundada en 1975
por Maite Merodio y Jesús Munárriz
Diseño gráfico: Equipo 109

Primera edición: Caracas, Monte Ávila, 2012
Primera edición íntegra: Madrid, Hiperión, 2024
© *Copyright* Jesús Munárriz 2012, 2024
Dibujos de Paco Montañés:
© *Copyright* Paco Montañés 2024
Derechos de edición reservados: EDICIONES HIPERIÓN, S. L.
Apartado de Correos 10.343 • 28010 Madrid
http//www.hiperion.com • e-mail: info@hiperion.com
ISBN: 978-84-9002-248-1 • Depósito legal: M-23557-2024
Entorno Gráfico • Atarfe • Granada

IMPRESO EN ESPAÑA • UNIÓN EUROPEA

ἡδονή
καί
κάλλος

ἡδονή
χαι
Κάλλος

Pórtico

¿El origen del arte? ¿El origen del hombre?
Visitemos las salas del museo secreto,
la danza de las musas en el jardín de Venus,
el poder de Afrodita, los dominios de Eros,
la conjunción feliz de entusiasmo y oficio,
la mentira veraz, la técnica y el genio,
lo que del deterioro rescatan los humanos,
la creación gozosa entre el juego y el fuego.

Encovada

Ella no está, pero aquí sigue estando,
en esta piedra que la copia y recuerda,
en estas formas que las suyas imitan,
fértiles, plenas, desbordantes, rotundas,
en estos siempre sugerentes volúmenes
que entre mis manos la reviven y evocan.

Ella no está, ya no está, ya se ha ido,
pero su cuerpo continúa latiendo
entre mis dedos, que la palpan y sueñan.

La desconocida de Charroux

Para Evelyne y Miguel

¿Es Venus o María de Magdala?
Desnuda, reclinada en un talud,
a los pies de una higuera,
la mujer, diosa o santa
—santa aún pecadora—,
despliega su belleza,
sus formas esculpidas
—carne trocada en piedra—,
los volúmenes de su ofrecimiento.

La observan nuestros ojos
muchos siglos después
interrogando
a ese cuerpo sin velos,
queriendo penetrar
en su secreto,
averiguar su gracia.

No ha descubierto nadie aún la clave
que identifique este relieve, pero
a todos nos intriga, nos inquieta,
nos dice algo esa mujer que en otro mundo
brindó su intimidad a un lapidario
para que al cincelarla

siguiera deslumbrando
cuando a ella, como a todos,
la aniquilara inexorable el tiempo.

Eva

Se despoja la rubia doncella adolescente
con temor de sus ropas, con vergüenza.
Pero obedece y posa.

Los ojos del anciano, fatigados,
rejuvenecen ante su belleza.

Le indica la postura,
le entrega una manzana
y ve a su alrededor el paraíso.

Y sitúa
su fresca flor de carne
en un jardín florido
en que destaque.

En él sigue, perfecta, incorruptible,
para que la admiremos
tal como él la admirara.

¿Pero por qué pintó
la serpiente
tras ella?

Lot

Si bebí con mis hijas más de lo conveniente
era para olvidar
la destrucción de mi ciudad y de lo mío:
todo cuanto tenía pereció con Sodoma,
incluso mi mujer, petrificada.

Lo que hicieron conmigo o lo que hice con ellas
durante esas dos noches
no puedo recordarlo; estaba muy borracho.
Eso sí, aquellos días
las noté un poco raras.

Me di cuenta de todo unos meses más tarde,
cuando las vi preñadas
y acabaron pariendo a Moab y Ben-Ammí.

Ahora soy abuelo de mis hijos
y padre de mis nietos,
y sus madres no dicen cómo los concibieron
en aquel mundo, que creíamos sin hombres.

¡Pensar que ellas y yo salimos de Sodoma
por estar libres de pecado!

Leda

Ese animal me mira como un hombre,
con lascivia, con ansia.
Casi me da vergüenza estar desnuda,
aunque sólo sea un pájaro.

Se acerca y aletea frente a mí
y se yergue, ¡caramba!,
¡qué sorpresa!; ¡parece bien dotado!,
¡no menos que un varón!, ¡y se aproxima!

Oh, sí, ven hasta mí, precioso cisne,
estréchame, envuélveme en tus plumas,
calla ese pico y haz lo que deseas
y deseo, penétrame, hazme tuya,
enséñame a volar
en tierra
entre tus alas.

Dánae

Mi padre, aquel cobarde,
me encerró en una torre
para que no pudiera tener hijos.
El oráculo, es cierto, le anunciaba
que acabaría muerto por su nieto,
pero es inútil resistirse al hado.

Se apiadó de mí Zeus
y cubrió mi belleza con su oro
y nació de esa extraña unión Perseo.

Nos echó al mar Acrisio, pero el mar
se apiadó de nosotros y nos llevó a una isla
donde un buen pescador nos acogió.
Allí crié a mi hijo.
Su historia es larga y muchos la conocen.

Es verdad que al final mató a su abuelo,
pero sin intención, lanzando un disco
que le dio en la cabeza, en unos juegos.
Ya se sabe, el Destino.

Lo que me intrigó siempre
es por qué Zeus se acostó conmigo

de una forma tan rara.
Aún siento que me cubre,
y recordaré siempre, consternada,
aquella lluvia de oro.

Ante el espejo

Nadie sabrá quién soy; la desnudez
de Venus, a quien presto mi propia desnudez,
me encubre al tiempo que me inmortaliza.

El amor de un artista ha querido que encarne
en mi cuerpo la diosa del amor
y en su espejo me veo reflejada y fijada.

La carne es bella, pero se marchita;
su imagen sin latido
al tiempo vence y fija esa belleza
y la hace duradera.

Me ha gustado legar mi cuerpo a Venus.
Yo le he dado la vida y ella me ha dado paso
a otra vida más alta y larga: la del arte.

Il tuffatore
(Paestum)

Le rodea el banquete, sus colores, su música,
los amigos gozosos en triclinios,
el copero solícito,
el que baila los ritmos de la flauta,
los que se lanzan vino con las cráteras,
el que liga al arpista,
el que los mira…

En la lauda suprema
se lanza desde el trampolín al mar
su juventud.

Así reposa más de dos milenios
lanzándose al enigma.

Sigue sin sumergirse.

Hermafrodita

Cuando me ven de espaldas, así, en esta postura
y admiran mis encantos,
a los chicos les gusto,
pero no a los que a mí me gustaría,
porque sé que me toman por lo que yo no soy,
aunque quisiera serlo: por una hembra.

Luego me ven de frente y contemplan mis pechos
con ojos de apetito.
Pero cuando descubren mi pequeña
diferencia, por más que sea pequeña,
ponen cara de asco y se dan media vuelta.

Otros, los partidarios de la virilidad,
me desprecian altivos.

A algunos, pese a todo, los atraigo, lo sé:
audaces, sibaritas, retorcidos, canallas,
experimentadores,
querrían comprobar a qué sabe este cuerpo,
ni carne ni pescado.

Pero ni corre sangre por mis venas
ni late el corazón en mi pecho de mármol.

Así que me contemplan y se van, y no sé
si al salir del museo
aún sueñan con mi sexo
dual y prohibido.

Uno de ellos

¿Qué más te da, Susana, que te estemos mirando
éste y yo? Somos viejos
y tú joven, es cierto, y no hay nada en nosotros
que te atraiga, pero ¿quién lo pretende?

Ni siquiera acercarnos; contemplarte nos basta.
No te pedimos mucho:
sólo que finjas que no nos has visto
para poder gozar de tu belleza
con estos ojos, menos fatigados
que nuestros corazones.

Nos queda poco, hija,
y tú tienes la vida por delante.
Anda, sé buena chica
y sigue con tu baño, y no hagas caso
de estos viejos fisgones.
Nos das una alegría y no te cuesta nada.

Por favor, Susanita, no te tapes.

École de Fontainebleau

¿Travesura?, ¿escarceo?,
¿diversión?, ¿guiño cómplice?,
¿provocación?, ¿caricia?,
¿incitación?, ¿reproche?

Compañeras de juegos,
amigas, más que amigas,
hermanas, confidentes,
colegas, pares, íntimas,

vistas hoy, poco importa
quiénes son, quiénes fueron;
sorprendente, atrevido,
lo que cuenta es su gesto,

ese amable pellizco,
esa presión discreta
en el pezón, su chispa,
su sutil sugerencia.

Aleluyas de San Antonio
(Las tentaciones)

Acosado por el demonio,
el pobrecito san Antonio
no hallaba paz en el desierto
aunque vivía como un muerto.

Las mujeres lo rodeaban
y a su vista se desnudaban.
Y se ofrecían encendidas
a sus posibles embestidas.

Cada salida de la cueva
traía una tentación nueva
en forma de mujer desnuda,
atracción lúbrica y tozuda
que le ofrecía sus encantos
tan inenarrables y tantos.
Pero el santo las repelía
y en su caverna se escondía.

Las mujeres a san Antón
le aceleraban la pulsión.
Le afectaban sus atractivos,
tan tentadores y tan vivos.

San Antonio se mortifica,
pero la conciencia le pica
y aguanta mal la carne fresca,
lomo, pernil, pecho o ventresca.
Hasta el látigo y el cilicio
le parecen cosa de vicio.

Una legión de desnudeces
intenta interrumpir sus preces.
Sabiendo sus necesidades
le sugieren obscenidades.
No son demonios, son demonias
las que hacen tales ceremonias.

Tenían todas muchas tablas,
aquellas imponentes diablas.
¿Cómo guardar la compostura
ante una fruta tan madura?
¿Cómo guardar la castidad
y preservar la santidad?

Quieren que el fuego de la orgía
le aparte de la teología
y con los goces del pecado
le tientan en el despoblado.

Si san Antonio pide pan,
las diablas bailan el cancán.
Si san Antonio pide vino,
le restriegan el vellocino.

¡Señor del cielo y de la tierra,
desenganchadme de esta guerra!
Acompañado de un cochino,
que era su perro a lo divino,
así rezaba san Antón
rechazando la tentación.

La Fornarina

Hay confianza y amistad
entre el pintor y su modelo:
intimidades compartidas,
complicidades… Yo la veo
rememorando en su mirada
días de amor, noches de fuego.
Eso dicen, vivos, sus ojos
y callan sus labios, discretos,
y sin vergüenza ni remilgos
lo insinúan, libres, sus pechos
con el perfume y el recuerdo
de carantoñas y de juegos.
Hablan sus manos sin palabras
de su pasión y su secreto:
marca la diestra el corazón,
resguarda la izquierda su seno.
Una mujer y un hombre intactos
frente a la muerte, frente al tiempo,
en ese cuadro en que se unen
las dos mitades del espejo.

El detalle

Nada le falta a este David, ni decisión
para enfrentarse al enemigo, ni valor
para desafiarlo en nombre de su pueblo,
ni juvenil audacia, ni vibrante energía,
ni inteligencia natural, ni fuertes miembros.
En su espléndida efigie no hay carencias.

Nada le falta, pero
tal vez algo le sobre:
el pequeño detalle
que pierden los judíos en su más tierna infancia.

Tintoretto
(Museo del Prado)

¿A quién muestras tu seno, a quién ofreces,
hermosa veneciana,
tu desbordante plenitud, la imantadora
belleza de tus pechos?
¿Qué te hace descubrir, como por obediencia,
tu secreto esplendor, esos frutos de carne
generosos,
que las aréolas alegran y condecoran los pezones,
esas rosas turgentes, en sazón,
que engalanan las perlas de un collar,
tal vez su precio? Nada,
nada en tu rostro incita a la lujuria.
Descubres sin deseo, sin pasión,
muestras lo que te dicen, cumples órdenes.
Quien te compró te exhibe.
Tú obedeces.

Yo, Caravaggio

Nadie ha pintado antes a estos golfillos
como son, atractivos, irresistibles,
con la malicia innata de su belleza
juvenil, el descaro de la miseria
y sus estimulantes incitaciones.
Los maestros se ocupan de otros asuntos.

Descubrieron de niños sus atractivos,
el poder que ejercían sobre los hombres
y sobre las mujeres con su belleza.
Sin pudor, atrevidos, provocadores,
se exhiben, se proponen, buscando cómplices
en el vivo intercambio de las miradas.

Muchachos de la calle, chulos, efebos,
perdición de mi vida, de las de tantos,
con sus labios golosos, sus ojos pícaros,
sus cuerpos torneados, tensos, turgentes,
y sus sexos imberbes, aún infantiles.
Yo sí los he pintado. Yo, Caravaggio.

Sacra

Unos eligen hombres y mujeres
como dioses y diosas.
Otros prefieren un dios padre.

Unos toman por símbolo a aquel príncipe
de enigmático rictus,
otros a un torturado y el potro de tortura.

Los hay que adoran el vacío,
la geometría, la abstracción.
Tales los hombres y sus dioses.

¿Y por qué no escoger
por dios
lo más hermoso:
la sonrisa de un niño,
de una niña?

Como lo hizo Murillo.

Artemisia

Pinté el suicidio de Lucrecia
y el suicidio de Cleopatra,
e imaginé sus últimos momentos,
su soledad desnuda.

Pinté a Susana abochornada por los viejos,
a Magdalena penitente, a la mujer
de Putifar brindándose a José,
a las hijas de Lot con su padre borracho,
a Jael hincando un clavo en la nuca a Sisera,
escapando del sátiro a Corisca.

Pero lo que pinté con más ahínco
y arte, y pinté otra vez, y otra vez más,
fue a Judit con su criada Abra
cortándole a Holofernes la cabeza.

Esa Judit soy yo, Artemisia
Gentileschi, y ese decapitado
es aquel Agostino
que me violó siendo doncella.
Es mi despecho el que la espada empuña;
la sangre de su cuello,
el pago de mi sangre de virgen mancillada.

Sigue joven

Aproveché que estaba de paso por Madrid
y le hice una visita.
Tan joven como siempre, tan hermosa
como siempre, seguía
destacando en su entorno
por su simplicidad, por su esplendor.
No se le resistía nadie.

Su cuerpo, en ese tránsito
entre la madurez y la sazón
en que todo concuerda con un plan impecable,
proclamaba el acuerdo de verdad y belleza,
de idea y realidad,
y desmontaba el tiempo y su erosión
con la ficticia eternidad del arte.

Se miraba al espejo,
pero no se podía adivinar su gesto,
que en nada desmentía la rotunda
tensión de su cadera, de maternal futuro,
ni el preciso volumen de sus nalgas,
ni el pícaro tilín de sus hoyuelos.

Entre Gracias y Dianas
sobresalía, intemporal y única.

Le deseé una buena estancia
en este otoño madrileño
y nuevos triunfos allá en Londres
al regreso.

Y me marché soñando con ella por el Prado.

Odaliscas

Amé esos cuerpos y los hice míos
con mis pinceles, con mis manos.

Desnudos ante mí, frente a mis ojos,
recogí su belleza y la inmortalicé
para otros, en mis cuadros.

Han pasado los años y ellas, esas mujeres,
sólo son lo que fueron en los lienzos
que acredita mi firma.

Tampoco yo soy quien la echó;
cumplidos los ochenta,
revive en mi memoria el esplendor
de aquellos cuerpos jóvenes.

Y por última vez las he pintado
a todas reunidas en este baño turco
—bellezas que prestaron su belleza a mi arte—,
asomado a la boca de la sima del tiempo.

Nada me queda por hacer. Ahora son vuestras.

Veladuras

Otros revelan la belleza,
la manifiestan, la despojan
de sus realces, la desnudan:
naturaleza sin halagos.

Yo, en cambio, busco otros efectos:
lo que se oculta y se insinúa,
lo que se encubre y se presiente.
Atrae más lo reservado.

Todo en mi obra es sugerencia,
adivinanza, trampantojo;
la luz precisa de la sombra,
de encubrimiento el esplendor.

En lo visible está el señuelo
de lo invisible, yo por eso
evito siempre lo evidente
y dosifico lo que sé,

lo que podría evidenciar.
Que es lo que quiero que imaginen.

Aguafuerte

El ojo de la cerradura
enmarca y sesga la visión:
deliberada, clandestina,
inadvertida, de rondón.

En el retiro de la alcoba,
entre el desorden de la cama,
efervescentes, sudorosos,
entrelazados, machihembrados,
intercambian los cuerpos jóvenes
sus acuciantes apetitos.

Sin sospechar que los espían,
dan rienda suelta a sus deseos
sin timideces ni pudores,
y el libro abierto de la carne
premia su ardor e inexperiencia
desvelándoles sus secretos,
sus sospechadas, sorprendentes,
gratificantes maravillas.

En la pupila del intruso
el arrebato y la pasión,
el desenfreno y la delicia

son motivos de inspiración.
El ojo de la cerradura
enmarca la composición.

Madame Hamelin
(1776-1851)

Nacida en las Antillas,
llegó a París muy joven. La casaron
a los dieciséis años
y, como es natural, pronto se desmandó.

Fortunée Hamelin, afortunada
femme d'esprit, hermosísima,
flotó como burbuja de champán
sobre revoluciones, directorios e imperios,
trabó amistad con Josefina, su paisana,
y fue una de "las maravillosas"
que marcaban la moda.

Creó un vestido "a lo salvaje"
y bautizó un color:
"muslo de ninfa excitada".

Espió, conspiró, amó, se divirtió,
conoció a todo el mundo,
pasó de los setenta, y de tan larga vida
dejó como legado este retrato
que pintó Andrea Appiani,
y hoy cuelga en el Carnavalet,

variopinto museo,
camión-escoba de la capital.

El cuadro nos transmite su belleza,
su juventud gloriosa,
y dos siglos después de ser pintada
nos atrapa en sus redes Fortunée,
continúa triunfando
sobre el tiempo y los hombres.

Velluda

Contemplaba a la mujer velluda.
Su cuerpo, tan curioso, ostentaba
atributos y formas plenamente
femeninas, pero por sus colinas
se extendía aquel vasto
oleaje velloso, aquellos remolinos
procelosos
por tibios, por insólitos.

Su grato salto atrás
retrotraía a entonces,
cuando una hermosa hembra
ya nos encandecía,
pero aún nos cubría el pelo aquel
que siempre nos cubriera.

Una mujer velluda
como todas
las mujeres de entonces,
de hace sólo unos años, o millones,
ahí, frente a sus ojos,
se mostraba.

Y era muy agradable
contemplarla,
pintarla.

Rasurada

La vulva
rasurada
había recobrado una inocencia
doblada de malicia.

Sin su vegetación,
resaltaban los labios en la boca
desnuda entre las piernas.

Rasurada, la vulva
sonreía.
Y el lápiz recogía
vertical
su sonrisa.

Ninfa dormida

Se hizo el amor extraordinariamente,
con el saber de la veteranía
y la apetencia de la obra bien hecha,
mimándose, cuidándose,
dosificándose,
marcando al placer ritmos
y medida,
en una partitura carnal irrepetible,
demorada,
gozosa,
pura satisfacción
intrascendente.

Se hizo el amor
antes de echar la siesta.

Secreta belleza

Se recuerda de algunas lo hermoso de su rostro,
la gracia de su cuerpo, sus pechos, sus caderas,
la cintura, la espalda, la garganta, los hombros,
lo que el arte salvó de la usura del tiempo.

De mí no sabrán nunca ni quién ni cómo fui,
no verán mi sonrisa, ignorarán mis ojos,
pero no olvidarán mi atractivo más íntimo,
lo que llamó el maestro *el origen del mundo.*

Un Gauguin

Entre los rostros pálidos,
nublados, del vagón,
el oro viejo de su cuerpo joven.

Olympia

Aunque usa nombre griego, no pretende ir de diosa,
acepta su destino de hetaira parisién.
En el pelo una orquídea,
diamantes en los lóbulos y el cuello,
ceñido por el oro, el antebrazo
posa sobre la seda de un valioso mantón.
Con chinelas doradas como único vestido,
muestra un cuerpo propicio, sugerente, accesible.
Descuidada, una mano subraya lo que encubre.

La miramos. Responde. Ni engaña ni provoca,
mira con desparpajo y naturalidad.
Su falta de artificio escandalizó a Francia.
Era real, auténtica, se exponía a la vista
sin disfraz mitológico.
Resultaba molesta su verdad.

Una sirvienta negra le muestra un bello ramo,
tarjeta de visita de algún nuevo galán.
Un gato, también negro, bufa y enarca el lomo.
Sus ojos serpentinos se clavan en los nuestros,
¿qué nos quieren decir?
Y esas flores que ofrece la mucama,
¿son las flores del mal?

Ante el retrato de una dama
(*d'après Wang Wei*)

Te pintaron de joven.
Ahora que los años han dejado en tu rostro
las huellas de su paso,
tu retrato permite a tus nuevos amigos
apreciar el encanto
de tu antigua belleza.

Álbum

Sólo hacía unos meses que se habían abierto
al comercio exterior los puertos del Mikado
cuando atracamos en el de Okinawa.
Nos llevó una semana la descarga y la carga
y nos dio tiempo a pasear por la ciudad.
Todo nos resultaba extraño, exótico:
las casas, las maneras, las comidas, la ropa,
el idioma, la música;
también nosotros a ellos les parecíamos raros.

Terminada la escala, cuando pusimos rumbo
a San Francisco, el segundo de a bordo,
un oficial novato,
me sorprendió con un regalo:
era un libro de estampas japonesas
libertinas, obscenas.
Las mujeres mostraban sus sexos dilatados
entreabriéndolos con sus propios dedos,
los hombres empuñaban vergas de garañones
que entraban como arietes en las vulvas
de sus acompañantes,
copulaban parejas mostrando sus vergüenzas
sin vergüenza ninguna,

pornográfico todo, indecente, procaz
en su bestial carencia de pudor.

Me sorprendió que algo así se vendiera
en un país que yo creía respetable;
aunque sean paganos,
yo los creía más recatados, más modosos.

Debí tirar el álbum al Pacífico,
lo sé, pero un regalo es un regalo
y hay que reconocerle cierto mérito
al que lo dibujó. Por eso lo he guardado
y lo repaso a veces.

Pero antes de morir, lo juro, he de quemarlo;
no quiero que aparezca entre mis cosas.

Acuarelas

Ellas besaban sus intimidades
respectivas ¡con cuánta animación,
con qué deleite! Iban
espejeando el goce en carne ajena,
el goce en carne propia.

Palpitante ouroboros,
órbita placentera,
humedades lindando en humedades,
desazón en sazón, labios en labios,
¡cómo se las veía disfrutar
dando amor,
recibiéndolo!

Y Rodin lo fijaba en acuarelas.

Las dudas del artista

¿Cómo puedo pintarte?,
se decía el maestro.
¿Cómo dejar constancia
del fuego en que me incendio?
¿Cómo hacer que te vean
tal como yo te veo,
que te admiren y envidien
y adivinen lo nuestro?
¿Cómo mostrar tu encanto
a los mancos y ciegos?
¿Te pintaré de Eva?
¿Te haré diosa del cielo
o del mar? ¿Pecadora
golpeándose el pecho?
¿Posarás de Godiva?
¿Te enfrentaré a un espejo?

Santa, musa o hetaira,
te eternizará el lienzo,
retendrá tu hermosura,
mantendrá tu recuerdo,
y, aunque te hayas perdido
en las nieblas del tiempo,
para cuantos te miren
palpitará tu cuerpo.

Desnudos

Nuestro sexo se ve, el de ellas no.

El nuestro es emergente, voladizo, indiscreto,
proclama su miseria o exhibe su insolencia,
es por naturaleza descarado.
De ellas vemos tan sólo el abrigo, el felpudo,
la discreta floresta que ampara sus secretos
sin dejar de encomiarlos.

Su desnudez en realidad no afecta al sexo,
oculto, protegido, controlado.

Por eso sus desnudos
han sido siempre hermosos y discretos,
y los nuestros, cuando son integrales,
con el sexo en reposo son un tanto ridículos,
y en erección obscenos, insolentes,
yo no los veo hermosos.

Por eso pinto sólo desnudos femeninos,
sexuales y sin sexo.

Más tarde

Él lo había probado ya y sabía
rasgar el velo con delicadeza,
por primera vez encarnar
en la carne virgen
y con tiento y con mimo hacer
que el placer
anidara en un cuerpo predispuesto
y propicio,
iniciar un camino duradero,
abrir la vida al goce
de la vida.

Sabía y enseñaba.

Ella aprendía ansiosa
e intuitiva
a compartir placer,
a disfrutar haciendo disfrutar,
y encaraba el futuro
curiosa
y decidida.

Medio siglo más tarde
en sus apuntes
lo recordaba con nostalgia.

Una de ellas

—Era un cliente raro, diferente.
Venía a lo que todos, sí, pero además
se quedaba charlando con nosotras,
invitaba a unas copas, dibujaba
todo el tiempo muy rápido, muy bien,
nos sacaba en posturas diferentes
mientras hablaba, aunque nos moviéramos;
no le importaba, hacía cuatro rayas
y ahí estabas, idéntica.

Era joven, nervioso, recio, fuerte,
y tenía unos ojos
que parecían taladrarte.

Se despidió, cuando se fue a París,
invitando a champán, aunque era pobre.
Allí triunfó de artista, me dijeron,
pintando cosas raras.

Años después vi un cuadro
suyo en una revista
con cuatro mamarrachos en pelota
y decían que era de las chicas
de la calle Avinyó. Algo indignante.
Si lo pillo, lo mato. ¡Con lo bien que pintaba!

El pintor y la modelo

¿Qué puedo hacer, maravillosa,
reina y señora de mis ojos,
tras contemplarte y admirarte,
sino esmerarme con mi oficio
para pintarte y celebrar
una liturgia de pinceles
y de colores en tu honor?

Lo que la edad no puede unir
con dignidad, lo enlaza el arte
con entusiasmo y buen hacer.
Ni urgencia ni necesidad
mueven mi mano, sólo afán
de realce y exaltación,
sólo ambición por compartir
y perpetuar y difundir
tanta belleza.
        Nada has hecho
por merecerla, ya lo sé,
sólo existir, pero deslumbra
tu hermosura. Lo que pretendo
es recogerla y perpetuarla.
Mi mano hará que tu esplendor
provoque asombro, admiración,
cuando ni tú ni yo existamos,
y en ello estoy. Es mi tarea.

Cordobesa

No deja de mirarme.
Chiquita piconera que la lámina
reproduce y revive
como la grabó el arte de Romero de Torres.

La badila en la mano, posada en el brasero,
las piernas enfundadas en las medias de seda
blancas, con ligas rojas,
los brazos apuntados, el entreabierto pecho,
todo lleva a sus ojos
que me miran, me miran,
no dejan de mirarme.

Posible Chagall

Los amantes en bicicleta
cruzan el cielo entre *confetti*,
palomas blancas, flores rojas,
flores violetas y naranja,
estrellas verdes, serpentinas.

Los amantes en bicicleta
cruzan el cielo, pedalean
al unísono, sonriendo
a espectadores y caballos.

Pim pam pum, pim pam pum, en lo alto
disparatados chupinazos
entreveran la transparencia.
En el azul de la emoción
la música repiquetea.

Y sólo son en el azul
dos amantes jóvenes, pobres,
son sólo dos enamorados
al otro lado del espejo
que pedalean al unísono
y buscan la felicidad
en bicicleta, en bicicleta.

El conde

A mí me parecía un pervertido el conde.
Le pagaba a mi madre para que yo posara
desnuda. Era una cría,
aún no tenía pelo, y me pintaba la rajita.
Siempre muy educado, eso sí,
no me tocaba nunca, apenas se acercaba,
sólo me recordaba la postura
si me cansaba y me movía.

Y pintaba muy bien, lo reconozco,
pero me resultaba un viejo verde
fino y retorcido,
mirándome, mirándome muy fijo,
mezclando en la paleta los colores
como si hurgara en mi entrepierna.

Tenía el caserón lleno de cuadros
con gatos y desnudos, de niñas casi todos;
era como un museo, pero con mucho morbo,
y yo, al pasar, echaba miradas de reojo.
Todo me resultaba un poco raro.

Cuando terminó el cuadro,
me regaló un dibujo de una gata

que se hizo amiga mía.
Ahí lo tengo, enmarcado.
Han querido comprármelo, pero no, no lo vendo.

"Desnudo"

—Ser vendida desnuda en pública subasta,
¡qué vergüenza!

Me pidió que posara, y si lo hice
fue por él, porque estaba
enamorada de él como una idiota.
El cuadro quedó bien, lo reconozco,
pero no me lo dio cuando rompimos.
Han pasado los años, él murió
y hoy me he visto desnuda
ante decenas de ojos
en una sala de subastas.

Y no sé si alegrarme
de que a mi edad no se me reconozca
o lamentar
aquella juventud
tan hermosa y lejana,
a la vista de todos, al alcance
de quien pueda pagarla.

Hoy estarás conmigo

—Hoy estarás conmigo —canta Cristo
en alemán, con música de Johann
Sebastian Bach y letra del apóstol
Mateo en la cadena
japonesa de alta fidelidad
que alegra la piscina
donde doran su cutis los cristianos
en este viernes santo
de casi dos mil años después
en que el sol luce
espléndido y el césped
verdeguea y fabrican
los pájaros sus nidos
y se colman de flores
los castaños y azul
resplandeciente
y mudo ampara el cielo
cuanto goza
de la radiante primavera.

—Hoy estarás conmigo —canta Cristo—
en el paraíso.

Y se cubren de crema protectora
y se dan media vuelta
y se siguen tostando
los cristianos
en sus tumbonas, junto a la piscina,
frente al Mediterráneo.

Color

Una belleza de dieciocho años
con ojos como mares,
de piel dorada y tibia, blancos dientes
abiertos en sonrisa,
pechos adolescentes en sazón
y acogedores brazos.

Él la invitaba a acariciarse, y ella
con el húmedo índice
buscaba aquel calor entre sus muslos
y subía y bajaba por los labios
de la entreabierta vulva.

Enardecido al par que divertido,
él también por su parte echaba mano
a sus propios poderes
y los entretenía y halagaba
frente a la demorada complacencia,
capricho de sus ojos.

Hasta que derramando regocijo
ella y él borbollaban
y, en el aire rozándose,
desparramaban sus satisfacciones.

Tras parcas abluciones
volvían a la carga,
esta vez abrazados.

Y era gozosa y alta
y demorada y larga
la apretura,
la feliz concordancia en que coincidían
sus vidas y sus goces,

sus días y sus dones.

Y el color rezumaba
hedonismo
en sus lienzos.

Apetito

—Me encanta que me comas, cómeme
—decía—, mi coñito
te espera humedecido, cálido, sabrosón,
bajo la minifalda;
mi nido rasurado y sin braguitas
espera que lo comas,
cómeme
—decía aquel anuncio
que grabó el pintor pop
en su serigrafía.

Opulenta

Podría con sus pechos alimentar gigantes,
engendrar en su vientre a Hércules o Sansón,
ahogar entre sus muslos lestrigones o cíclopes,
desgarrar con sus manos las fauces de un león.
Pero su piel es pálida y son tiernos sus ojos
y sonríen sus labios con un toque burlón
y sus hombros desnudos y su libre melena
despiertan el deseo con muda insinuación.
Sus curvas, sus volúmenes, sus carnes desbordadas
son, pese a su inocencia, fuente de tentación;
es tanta su abundancia cubriendo el esqueleto
que resulta difícil pensar en su extinción.
Joven, feliz, rotunda, se exhibe con esmero,
y fija su belleza para siempre Botero.

ÍNDICE

Esta primera edición española e íntegra de *Museo secreto*,
libro de poemas de Jesús Munárriz enriquecido con veinte
dibujos de Paco Montañés, se maquetó en Madrid a co-
mienzos del otoño de 2024 y se imprimió y encuadernó en
Atarfe, Granada, a mediados de dicha estación,
en los talleres de Entorno Gráfico.

FORMA BONVM FRAGILE EST

Otros libros del autor en esta colección:

Esos tus ojos

Camino de la voz

Viajes y estancias

Otros labios me sueñan

De lo real y su análisis

Corazón independiente

Peaje para el alba

Materia del asombro

Rojo fuego nocturno

Los ritmos rojos del siglo en que nací. Un cuento triste